First Picture Dictionary
Animals
Første Billedordbog
Dyr

Pig
Gris

Butterfly
Sommerfugl

Fox
Ræv

Rabbit
Kanin

Illustrated by Anna Ivanir

www.kidkiddos.com
Copyright ©2025 by KidKiddos Books Ltd.
support@kidkiddos.com

All rights reserved. No part of this book may be reproduced in any form or by any electronic or mechanical means, including information storage and retrieval systems, without written permission from the publisher, except in the case of a reviewer, who may quote brief passages embodied in critical articles or in a review.
First edition, 2025

Library and Archives Canada Cataloguing in Publication
First Picture Dictionary - Animals (English Danish Bilingual edition)
ISBN: 978-1-83416-510-3 paperback
ISBN: 978-1-83416-511-0 hardcover
ISBN: 978-1-83416-509-7 eBook

Wild Animals
Vilde dyr

Lion
Løve

Tiger
Tiger

Giraffe
Giraf

✦ A giraffe is the tallest animal on land.
✦ *En giraf er det højeste dyr på land.*

Elephant
Elefant

Monkey
Abe

Wild Animals
Vilde dyr

Hippopotamus
Flodhest

Panda
Panda

Fox
Ræv

Rhino
Næsehorn

Deer
Hjort

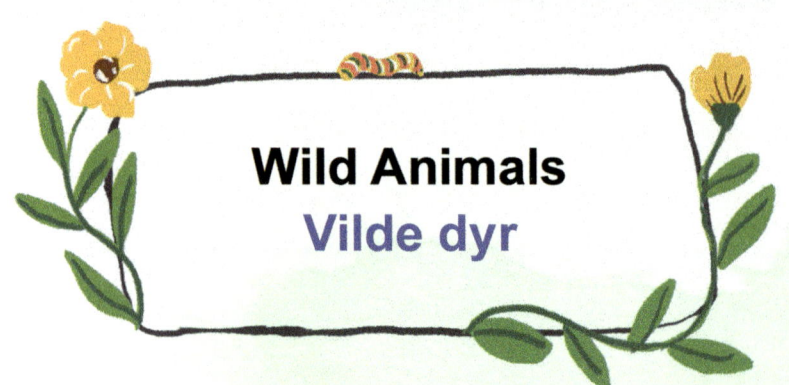

Moose
Elg

Wolf
Ulv

✦ A moose is a great swimmer and can dive underwater to eat plants!

✦ *En elg er en fantastisk svømmer og kan dykke under vandet for at spise planter!*

Squirrel
Egern

Koala
Koala

✦ A squirrel hides nuts for winter, but sometimes forgets where it put them!

✦ *Et egern gemmer nødder til vinteren, men glemmer nogle gange, hvor det lagde dem!*

Gorilla
Gorilla

Pets
Kæledyr

Canary
Kanariefugl

✦ *A frog can breathe through its skin as well as its lungs!*
✦ *En frø kan trække vejret gennem sin hud såvel som sine lunger!*

Guinea Pig
Marsvin

Frog
Frø

Hamster
Hamster

Goldfish
Guldfisk

Dog
Hund

✦ *Some parrots can copy words and even laugh like a human!*

✦ *Nogle papegøjer kan efterligne ord og endda grine som et menneske!*

Parrot
Papegøje

Cat
Kat

Animals at the Farm
Dyr på bondegården

Cow
Ko

Chicken
Kylling

Duck
And

Sheep
Får

Horse
Hest

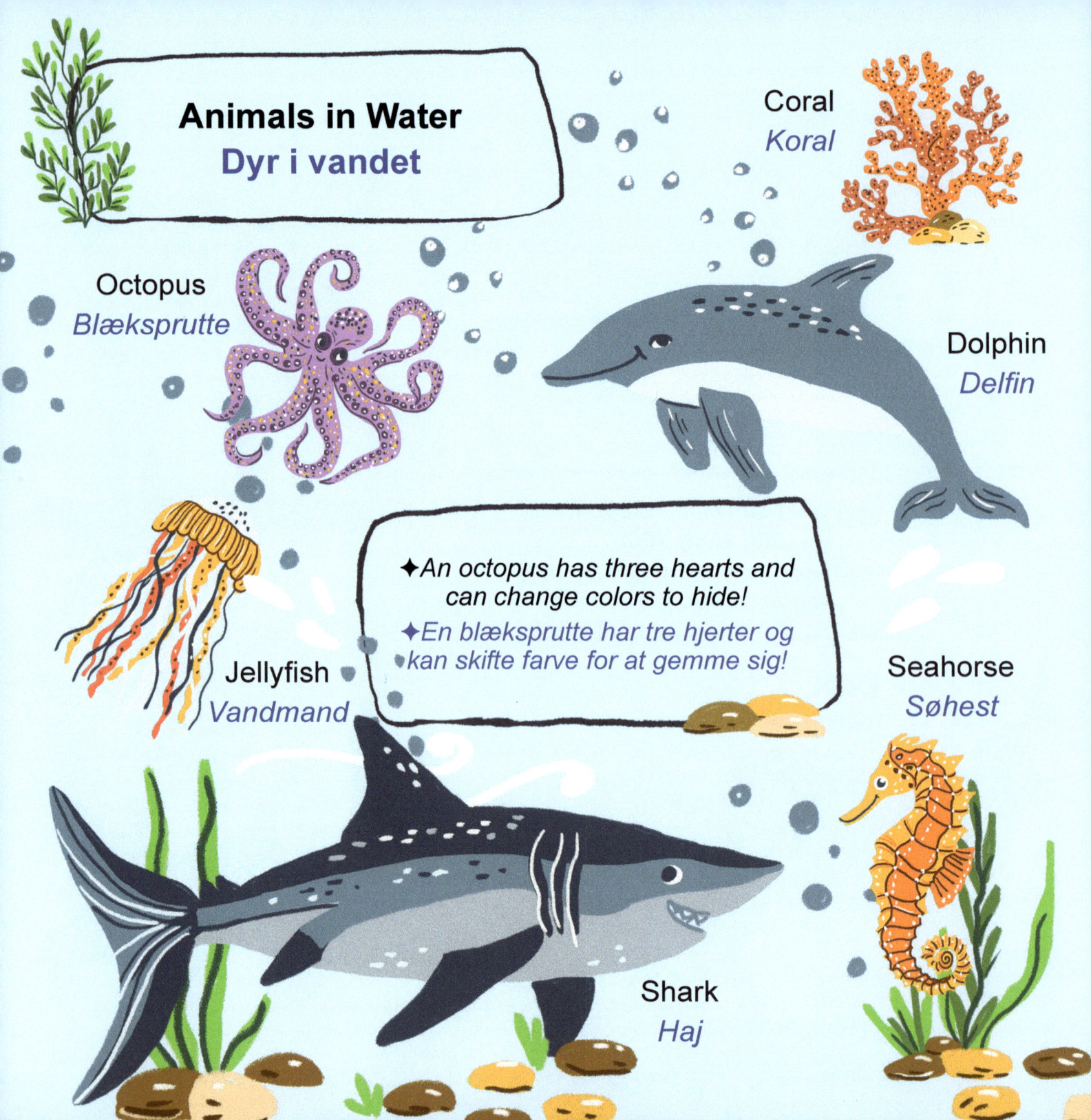

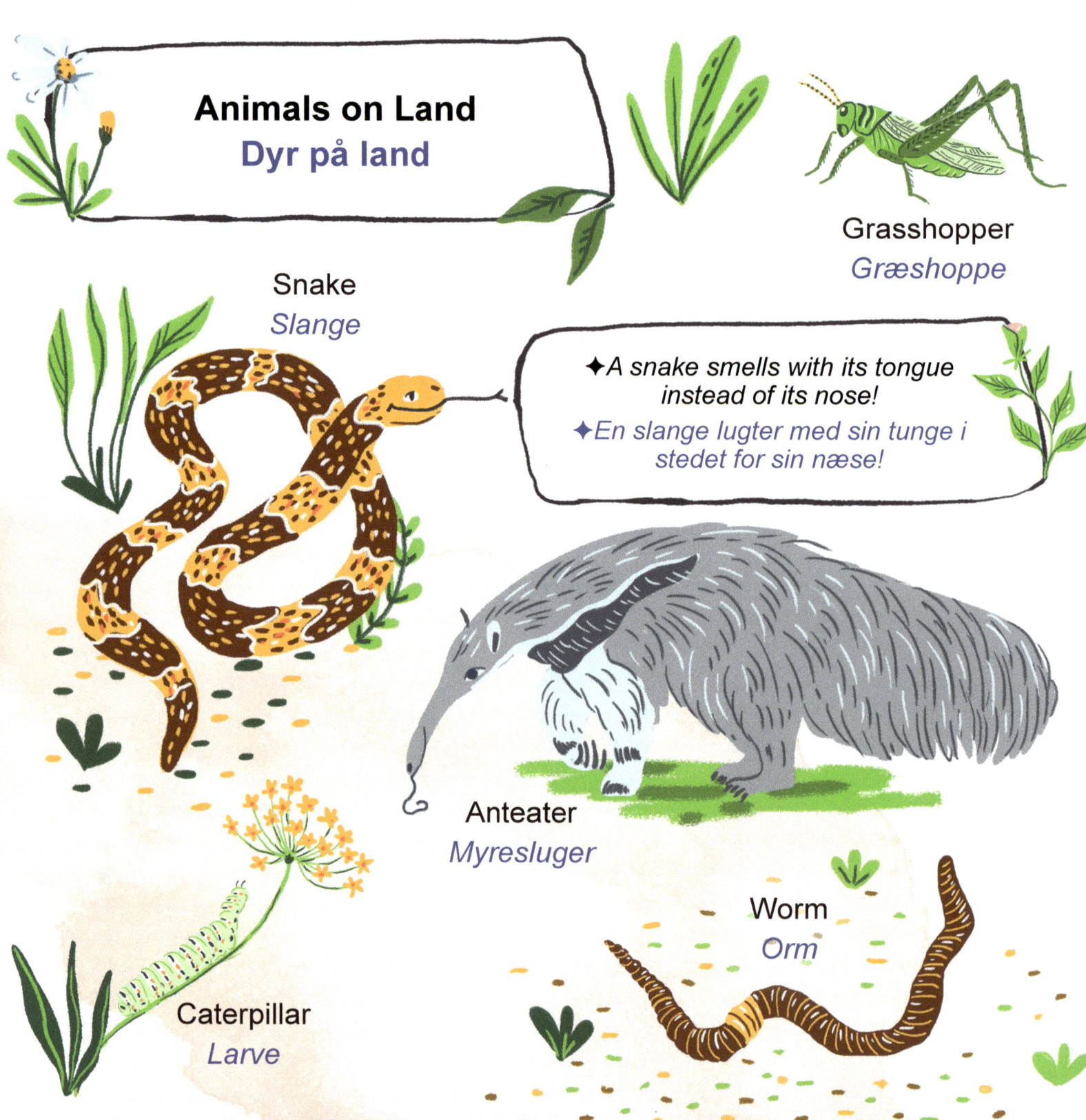

Badger
Grævling

Porcupine
Pindsvinrotte

Groundhog
Skovmurmeldyr

✦ A lizard can grow a new tail if it loses one!
✦ *Et firben kan gro en ny hale, hvis det mister den!*

Lizard
Firben

Ant
Myre

Small Animals
Små dyr

Chameleon
Kamæleon

Spider
Edderkop

✦ An ostrich is the biggest bird, but it cannot fly!
✦ En struds er den største fugl, men den kan ikke flyve!

Bee
Bi

✦ A snail carries its home on its back and moves very slowly.
✦ En snegl bærer sit hjem på ryggen og bevæger sig meget langsomt.

Snail
Snegl

Mouse
Mus

Quiet Animals
Stille dyr

Ladybug
Mariehøne

Turtle
Skildpadde

✦ A turtle can live both on land and in water.
✦ *En skildpadde kan leve både på land og i vand.*

Fish
Fisk

Lizard
Firben

Owl
Ugle

Bat
Flagermus

✦An owl hunts at night and uses its hearing to find food!
✦*En ugle jager om natten og bruger sin hørelse til at finde mad!*

✦A firefly glows at night to find other fireflies.
✦*En sankthansorm lyser om natten for at finde andre sankthansorme.*

Raccoon
Vaskebjørn

Tarantula
Tarantel

Colorful Animals
Farverige dyr

A flamingo is pink
En flamingo er lyserød

An owl is brown
En ugle er brun

A swan is white
En svane er hvid

An octopus is purple
En blæksprutte er lilla

A frog is green
En frø er grøn

✦ A frog is green, so it can hide among the leaves.
✦ *En frø er grøn, så den kan gemme sig blandt bladene.*

Animals and Their Babies
Dyr og deres unger

Cow and Calf
Ko og kalv

Cat and Kitten
Kat og killing

✦ A chick talks to its mother even before it hatches.

✦ *En kylling "taler" med sin mor, allerede inden den klækkes.*

Chicken and Chick
Høne og kylling

Dog and Puppy
Hund og hvalp

Butterfly and Caterpillar
Sommerfugl og larve

Sheep and Lamb
Får og lam

Horse and Foal
Hest og føl

Pig and Piglet
Gris og pattegris

Goat and Kid
Ged og kid

www.ingramcontent.com/pod-product-compliance
Lightning Source LLC
LaVergne TN
LVHW072055060526
838200LV00061B/4748